Maxime Du Camp

Le Salon
de 1863

Critique

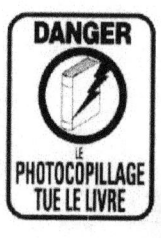
ISBN : 978-1720688440

10 9 8 7 6 5 4 3 2 1

Maxime Du Camp

Le Salon de 1863

Critique

Table de Matières

Le Salon de 1863

L'exposition des beaux-arts a été ouverte au public le 1er mai dernier, selon l'usage récemment consacré. Elle est un sujet de chagrin et de tristes appréhensions pour les hommes qui aiment l'art et ne s'occupent point des questions secondaires relatives aux artistes, à leur bien-être et à leur réputation d'un jour. Au-dessus de ces considérations, qui, par cela même qu'elles sont personnelles, restent soumise à des lois inférieures, il y a le souci abstrait de l'art, qui seul peut et doit relever de la critique, préoccupée de l'œuvre et volontairement oublieuse des auteurs. La décadence n'est que trop manifeste, et chaque exposition en constate les progrès. A première vue, rien ne choque, rien n'attire ; une médiocrité implacable semble avoir passé son niveau sur les œuvres exposées et les avoir réduites à un *à peu près* général. Les exceptions sont rares, et elles appartiennent à un petit nombre de vieux lutteurs que les fortes influences libérales d'une autre époque ont conservés jeunes au milieu d'une génération sans vigueur. On chercherait en vain une œuvre qui fût un point de départ pour une voie nouvelle ; les meilleurs tableaux ne sont encore que des souvenirs. En était-il ainsi autrefois ? Je ne le crois pas. Au salon qui s'ouvrit le 15 mars 1843, il y a vingt ans, je me rappelle le *Charles-Quint ramassant le pinceau de Titien*, par Robert Fleury, la *Cassandre* de Pradier, le portrait de *Théodose Burette*, par Guignet, *le Ravin* de Charlet, *le Soir* de Gleyre, *le Peintre* de Meissonier, l'*Hélène Adelsfreit* de Lemud, le *Juda et Thamar* d'Horace Vernet, qui du moins, malgré les faiblesses souvent trop apparentes de l'exécution, essayait dans ce tableau d'échapper à la fausse tradition antique de l'école de David, et ramenait la peinture biblique à l'étude vraie des types et des costumes orientaux. Je me rappelle *le Port de Boulogne*, une des meilleures *marines* d'Isabey, et le *Rêve de bonheur* de Papety, belle et sérieuse espérance que la mort devait si rapidement démentir ; je me rappelle même *le Campo-Vaccino* de Buttura, que la volonté de devenir le Meissonier du paysage n'avait point encore perdu. Où sont aujourd'hui les œuvres comparables à celles que je viens d'indiquer ?

Les artistes sont-ils responsables de cette décadence qui les atteint si cruellement depuis quelques années ? Oui et non : oui, si l'on réfléchit qu'ils n'ont point su trouver en eux la force qui réagit, qui s'isole, et qui maintient l'esprit hors des courants mauvais qui le sollicitent et l'entraînent ; non, si l'on tient compte de notre milieu, de cette société française qui ne semble plus obéir, hélas ! qu'à l'intérêt spécial et rapide du moment. Les artistes sont comme la société, ils vivent au jour le jour, oublieux de la veille, dédaigneux du lendemain, satisfaits du succès éphémère qui naît le matin pour mourir le soir, contents s'ils ont gagné le pain quotidien, s'inquiétant moins du talent que des bénéfices, et cherchant ce que chacun cherche aujourd'hui, à réussir vite et quand même. Pour eux, la raison du plus fort, c'est-à-dire de la vogue, est toujours la meilleure ; ils acceptent le fait accompli, sans le discuter, par cela seul qu'il est un fait. L'art efféminé et bassement sensuel semble être devenu l'art national ; de la grâce, on est vite descendu à la mignardise ; on tombe aujourd'hui dans l'érotisme. Boucher est surpassé, on en arrive à Clingstet. Est-ce donc là vraiment la pente fatale de l'esprit français ? Sous prétexte de galanterie, faut-il toujours quitter les hautes régions et descendre à un terre-à-terre grossier qui s'adresse uniquement aux sensations les plus matérielles de l'homme ? Faut-il donc partir de Poussin pour descendre à Watteau et recommencer à David pour arriver où nous en sommes ? Qui fera la réaction ? Qui ramènera l'art dévoyé dans le droit chemin de l'invention personnelle, fécondée par la connaissance de la tradition et fortifiée par l'étude de la nature ? Qui prouvera une fois de plus, et peut-être inutilement, que l'art doit être chaste et sérieux sous peine de n'être plus, de l'art ? On avait eu un moment le droit d'espérer en deux hommes dont nous reparlerons bientôt, et qui tous deux ont trompé l'espérance conçue.

Lorsqu'en 1855 on exhiba toutes les toiles de l'école française du XIXe siècle, à voir l'œuvre presque complet de MM. Ingres, Delacroix, Decamps, Horace Vernet même, on comprit très nettement qu'une ère venait de se fermer. On put dès lors prédire ce que nous voyons aujourd'hui, c'est-à-dire l'abandon du dessin pour la couleur, de la tradition pour la fantaisie, de l'étude pour le laisser-aller, et que la nature servirait de modèle au lieu de n'être qu'un document. Or le dessin, la tradition, l'étude, sont à une œuvre d'art ce que la charpente est aux muscles, ce que l'expérience et le raisonnement sont à l'esprit. Quant à la nature, si elle n'est que le but d'une imitation servile, si elle s'impose au lieu d'inspirer et de confirmer, la photographie est supérieure à la peinture. Pour arrêter l'école française sur la pente dangereuse où elle s'engageait dès cette époque, il fallait une main ferme qui prît hardiment la direction qu'eurent jadis David et M. Ingres, et qui, tout en donnant une forte impulsion générale, laissât à chaque esprit la latitude de se modifier selon ses instincts particuliers. Direction ne signifie pas tyrannie ; Gros et Gérard, pour être tous les deux élèves de David, n'en étaient pas moins deux tempéraments distincts et même opposés. L'enseignement donné par l'état est insuffisant, nul ne l'ignore ; les traditions de la Villa-Médicis ne conduisent guère qu'à de maladroites imitations.[1] On comprit donc la nécessité d'un enseignement sérieux et d'une direction qui s'imposerait par de salutaires exemples, et ces exemples, deux artistes semblaient les promettre eux-mêmes, M. Hébert et M. Gérôme, car tous deux savaient assez leur métier pour n'avoir plus d'autres préoccupations que celles de l'art.

Sans être célèbre, M. Hébert était connu : il avait pris un rang distingué parmi ses contemporains, grâce à son tableau de *la Mal'aria*, tableau fort habile, qui, tout en paraissant n'être qu'une œuvre sentimentale, ne dédaignait pas cependant les côtés sensuels de l'art. Cette toile avait commencé le renom du jeune peintre ; son *Baiser de Judas* (1853) acheva sa réputation, car dans cette composition très sobre, très sérieuse, on crut voir l'avenir d'un maître qui servirait pour ainsi dire d'intermédiaire entre les deux écoles opposées, et ramènerait à lui, par une heureuse entente de la ligne et de la couleur, les esprits extrêmes, qui ne voulaient admirer que M. Ingres ou M. Delacroix. Hélas ! nous en fûmes pour nos espérances, et rien depuis n'est venu les raviver. En ceci, l'état fut coupable et manqua, par rapport aux arts, à son premier devoir, qui est de découvrir les aptitudes et de les encourager afin de créer des maîtres. On se contenta d'acheter le tableau de M. Hébert, de le reléguer dans un musée, et tout fut dit. Si l'on eût donné à M. Hébert des églises à décorer (il n'en manque pas), si on lui eût livré de grandes surfaces où son pinceau eût pu acquérir

1 Si l'on veut savoir où mènent l'école des Beaux-Arts et l'école de Rome, il faut regarder au Salon de 1863 *Vénus ceignant sa ceinture pour se rendre au jugement de Paris*, par M. Emile Lévy, premier grand prix de Rome en 1854.

une fermeté qui lui a toujours fait défaut, on l'eût conduit et arrêté pour toujours peut-être à la grande peinture, dont il venait de se montrer capable autant et plus que tout autre. Loin de là, M. Hébert fut abandonné à lui-même. Obéissant aux sollicitations de son tempérament maladif, il retourna aux choses gracieuses, qui lui avaient valu ses premiers succès ; de la grâce il est tombé dans l'afféterie, et de l'afféterie dans une sorte de peinture malsaine, molle, et d'une sentimentalité indigne d'un talent qui avait tant promis. Après avoir peint des paysannes d'Alvito et de Cervara dans un ton à la fois sourd et effacé, après avoir dédaigné les conseils qu'une critique indépendante ne cessa de lui donner, M. Hébert expose aujourd'hui *une Jeune Fille au puits*, composition nulle, sans imagination, qui montre une jeune femme vivement éclairée, en pleine lumière, causant auprès d'un puits avec un jeune homme relégué dans l'ombre. Quelques tours d'adresse parfaitement réussis prouvent que M. Hébert manie très habilement le pinceau et connaît tous les mystères du métier : les mains de la jeune fille sont traitées à ravir, et le seau est exécuté en manière de trompe-l'œil ; l'ensemble est gracieux, mais de cette grâce efféminée qui prend la maladie pour la beauté, et tourne volontiers aux illustrations de *keepseake*. Le jeune homme, effacé dans les tons obscurs, sans autres traits distincts que des yeux démesurés, flottants, sans contours définis, ressemble plus à un fantôme qu'à un vivant, à une apparition plus qu'à un être en chair et en os. Il y a loin de cette toile, à la fois prétentieuse et confuse, à *la Mal'aria*, que M. Hébert ne pourrait peut-être plus peindre aujourd'hui.

M. Gérôme aussi eût pu facilement devenir un chef d'école. Il avait de la jeunesse, de l'ardeur, une extrême rapidité d'exécution, quelque chose de net et de précis dans ses compositions qui ne laissait place à aucune ambiguïté ; il avait étudié et connaissait bien la nature ; il possédait un dessin correct, quoique parfois trop allongé, et sou coloris, qui cependant avait une propension à devenir souvent trop sec, était très suffisant pour charmer les yeux. Depuis *le Combat de Coqs* (1847), qui l'a fait connaître, M. Gérôme avait passé d'un sujet à un autre avec une mobilité singulière ; on pouvait croire qu'il cherchait sa voie, et s'y tiendrait lorsqu'il l'aurait enfin trouvée. Devant son *Siècle d'Auguste* (1855), malgré certaines violences inutiles dans la ligne, tous ceux qui espéraient une direction crurent qu'on l'avait enfin rencontrée, et les regards se portèrent avec intérêt sur M. Gérôme, comme ils s'étaient portés sur M. Hébert. « Ce sera le maître, » disait-on. Il ne le fut pas, non plus que M. Hébert ; mais l'état ne fut pas plus clairvoyant avec lui qu'il ne l'avait été avec le peintre du *Baiser de Judas*. M. Gérôme venait de faire preuve d'une force très respectable : il venait d'affirmer sa science, il avait manié avec une incontestable habileté des masses picturales considérables, il s'était tiré avec succès d'une composition fort difficile qu'il avait su rendre très claire malgré la confusion forcée du sujet allégorique ; il avait solidement peint une surface énorme ; en un mot, il venait de faire acte de grande peinture. Que fit-on pour lui ? Rien. On lui acheta peut-être quelques jolis tableaux de chevalet, mais on ne le poussa pas dans sa voie, et on ne le força pas à devenir ce qu'il devait être, un maître. Les palais ne manquent pas à Paris, on en bâtit de nouveaux à côté des anciens ; il fallait dire à M. Gérôme : « Ce que vous avez fait nous montre ce que vous pouvez faire ; voici de grandes murailles, peignez-les ; comme sujet, vous avez l'histoire : tâchez que celle de la France vous inspire et vous soutienne. » Ainsi appuyé, M. Gérôme n'aurait-il pas eu un rôle utile à jouer parmi nos artistes ? N'eût-il pu retrouver le grand art des fresques, aujourd'hui oublié, et devenir le maître, le chef de la *ligne* en France, car, qu'on le sache bien, la ligne, c'est-à-dire le dessin, est la probité même de la peinture. J'ignore si M. Gérôme eut cette vision, mais je sais que d'autres l'ont eue pour lui. Qu'est-il advenu ? De la haute peinture historique où il s'était élevé, il est retombé aux tableaux de genre, qui sollicitent et obtiennent les faciles succès, et des tableaux de genre il en est arrivé aux tableaux anecdotiques, parcourant ainsi le chemin que M. Paul Delaroche avait suivi autrefois avec plus de bon vouloir que de talent. M. Gérôme peignit au gré de sa fantaisie, selon l'inspiration du moment, avec un scepticisme profond, ayant l'air de ne point se soucier du succès et l'obtenant néanmoins presque toujours, soit par des reconstitutions archéologiques, comme les *Gladiateurs*, soit par une sorte d'ironie sentimentale, comme *le Duel de Pierrot*, soit enfin en montrant l'antiquité par le mauvais bout de la lorgnette, comme dans la *Phryné*. Aux observations qu'on est en droit de lui adresser, M. Gérôme peut répondre : « J'ai peint *le Siècle d'Auguste* ; qu'a-t-on fait de mon tableau ? On en a décloué la toile, et aujourd'hui elle est roulée dans un des greniers du Louvre. » L'excuse n'est point à dédaigner, et nous ne pouvons sérieusement reprocher à M. Gérôme de la faire valoir. M. Gérôme n'est point un esprit médiocre, tant s'en faut ; il a une culture évidente, il possède bien son métier, et le raffine peut-être même un peu trop, jusqu'à sembler vouloir aujourd'hui entrer en lutte avec M. Meissonier, ce qui serait un grand tort, car M. Meissonier copie des modèles, tandis que M. Gérôme conçoit des tableaux : différence essentielle, et qui seule suffirait à constituer un artiste. M. Gérôme a beaucoup voyagé, mais il a évidemment porté dans ses longues pérégrinations les préoccupations de l'art rétréci, amoindri, auquel on l'a condamné. Au lieu de demander aux régions qu'il parcourait de lui découvrir les ineffables mystères de ligne et de couleur par où la nature est toujours si belle, il semble qu'il ne les ait visitées que pour y trouver des sujets de tableaux : ici *les Musiciens russes*, là les *Arnautes en prière*, aujourd'hui *le Prisonnier*, une des meilleures toiles qu'on doive au jeune artiste.

La scène se passe dans la Haute-Égypte, sur le Nil, non loin du village de Louqsor, qui étale sur l'horizon l'imposante silhouette du palais d'Amenopht. Des Arnautes, bandits armés au service de l'intolérable despotisme des Turcs, ont arrêté un *cheik-el-beled*, nous dirions un maire de village, sans doute pour quelque refus d'impôt ; ils lui ont lié les jambes, lui ont passé aux mains de lourds ceps de bois, l'ont jeté dans une barque et le conduisent, où ? Près du *nazir* (percepteur), qui le fera battre jusqu'à ce qu'il ait payé vingt fois plus qu'il ne doit. L'un des Arnautes, assis sur le bastingage, impassible et accoutumé dès longtemps à de pareilles expéditions, détache, par un artifice hardi de peinture, son profil sévère suivies limpidités du ciel. Deux fellahs rament de toutes leurs forces, pendant qu'un jeune Arnaute impitoyable et gouailleur se penche vers le cheik, et, s'accompagnant d'un *tchegour*, lui chante à l'oreille je ne sais quelle raillerie insolente. En quelques coups de pinceau, M. Gérôme a parfaitement fait comprendre, pour qui sait regarder, l'état de l'Égypte, où une race rêveuse, douce, soumise, est torturée chaque jour par d'anciens vainqueurs plus grossiers, plus vicieux et moins intelligents qu'elle. La sévérité du dessin, les rapports des tons entre eux, qui arrivent à une bonne coloration générale, font de ce tableau une toile remarquable, que je préfère au *Déjeuner de Louis XIV*, où l'importance donnée à la nappe ouvrée qui couvre la table tend à en faire le personnage principal de la composition.

Les œuvres de M. Gérôme sont agréables ; mais on y cherche en vain ce cachet d'art viril dont la formule manque aujourd'hui. Il eût pu la trouver, cette formule, j'en suis certain, s'il eût suivi imperturbablement la voie difficile, mais glorieuse, où il avait mis le pied en 1855. L'exemple qu'il eût donné n'aurait pas été perdu, on aime à le croire, pour l'école française, et nous n'assisterions pas à l'étrange déroute qu'il est impossible de ne point constater. Nulle direction générale, nulle entente des lois d'ensemble ; chacun va au hasard, non pas où le mènent ses croyances, mais où le pousse son intérêt. La foi est mourante, le flambeau s'éteint. Tout le monde sait son métier, ceci n'est point douteux, mais nul ne sait s'en servir. Le talent perd en profondeur ce qu'il gagne en étendue ; l'originalité réelle est rare ; quant au génie, il est inutile de le chercher. Les anciennes distinctions d'écoles même ont disparu, il n'y a plus ni classiques, ni romantiques, ni réalistes, ni *rococos* ; il n'y a plus que des hommes qui, ayant à leur disposition une science quelconque, en tirent le meilleur parti qu'ils peuvent pour gagner le plus d'argent possible. N'est-ce point Pétrone qui a dit : « Sans le désintéressement, il n'y a pour le talent ni moralité, ni gloire ; l'amour des richesses fait exécuter les choses difficiles ; seul, l'amour de l'art peut créer des chefs-d'œuvre ? » On dirait que les artistes, placés au centre de la société moderne, épient ses mouvements, étudient ses vices et les reproduisent sous une forme agréable, afin de flatter la manie du plus grand nombre et d'arriver ainsi à la fortune et à la réputation. En somme, quels sont les trois éléments extérieurs qui ont concouru à inspirer les artistes représentés, par leurs œuvres à cette exposition ? La caserne, la sacristie et le boudoir. De là cette quantité de tableaux militaires sans héroïsme, de portraits ecclésiastiques, de Vénus conçues dans un tel et si étrange esprit qu'elles n'auraient jamais dû quitter l'atelier.

La mission de l'art est de déterminer la beauté physique et de glorifier la beauté morale en fixant pour toujours par la peinture ou la statuaire les grands actes de l'humanité. Ceux qui ne la conçoivent pas ainsi me paraissent être hors de la vérité. Prétendre que l'art n'a d'autre but que de reproduire la nature, c'est faire preuve d'impuissance, et à ce compte M. Blaise Desgoffe, qui, par ses savants et très curieux procédés, en arrive à produire une illusion complète, serait l'artiste le plus remarquable qu'on ait vu depuis longtemps. On doit toujours pouvoir dire d'un artiste ce que Pline dit de Timanthe : « Dans tous les ouvrages de ce peintre, il y a quelque chose de sous-entendu, et quelque loin qu'il ait pousse l'art, son esprit va encore au-delà. » La peinture et la sculpture sont avant tout des arts de conception subjective ; c'est l'exécution seule qui les rend objectifs. Un artiste doit concevoir son œuvre et la voir en lui-même ; la nature alors vient à son aide pour l'éclairer, lui donner l'appui de ses documents innombrables et rectifier ses idées. Se placer ingénument devant un arbre, devant une femme, devant un cheval, les copier de son mieux, c'est faire simplement acte d'ouvrier, et malheureusement c'est ce que chacun semble faire aujourd'hui. Ce qui frappe le plus douloureusement lorsqu'on regarde les toiles exposées, c'est l'absence radicale de composition. Les paysagistes envoient leurs *études* : un site, un aspect, une exception de la nature les a frappés au passage ; ils l'ébauchent sur place, le terminent à l'atelier, l'envoient au Salon, et s'imaginent avoir fait un tableau ; ils se trompent, ils ont fait une copie, et j'avoue, pour ma part, que je préfère l'original. Un peintre d'histoire prend une femme nue, en fait le portrait avec quelques modifications le plus souvent inspirées par la réminiscence des maîtres, puis il dit : C'est Vénus ! Non point, c'est un modèle, et rien de plus. Cette simplification excessive de l'ordonnance d'un tableau indique une singulière paresse ou une étrange absence d'imagination. J'aime mieux la composition théâtrale, forcée, des *Sabines* et du *Léonidas* de David que ces prétendus tableaux, qui, par le fait, ne sont plus que des *académies*. Ch. Varahagen von Ense a dit : « Un artiste est celui dont les idées se font images. » Les artistes de nos jours semblent avoir renversé la proposition, car ce sont les images aperçues qui leur donnent des idées ; on ne le voit que trop, et c'est un grave sujet d'inquiétude. En effet, quand il n'y a plus ni conception, ni composition, que reste-t-il ? L'exécution, c'est-à-dire le métier, la partie exclusivement matérielle de l'art ; c'est bien peu, et c'est de cela pourtant qu'on se contente aujourd'hui.

Si l'exécution suffit, les Belges sont nos maîtres ; mieux que tous les autres, ils possèdent le secret du métier, nulle *ficelle* ne leur est inconnue ; ils dessinent d'une façon convenable et manient la couleur avec une rare fermeté, sans trop d'empâtement, sans trop de légèreté, honnêtement et consciencieusement. Presque tous imitateurs de Terburg et de Pierre de Hoog, ils ont cherché dans les scènes de la vie intime un prétexte à peindre des étoffes, dans lesquelles ils mettent quelques personnages, placés uniquement pour faire valoir la draperie ; ils excellent dans le satin, dans le velours, dans les guipures ; les cuirs de Cordoue n'ont plus de mystères pour eux, et les tapisseries de haute lisse leur ont dévoilé leurs arcanes ; ils sont connus pour la plupart, presque célèbres, et cependant qui voudrait de leur gloire ? qui pourrait croire un seul instant que le but de l'art est celui qu'ils atteignent ? Ils procèdent méthodiquement, j'allais dire mécaniquement, pour faire un tableau comme un bon ouvrier procède pour établir un travail de tabletterie ; ils s'avancent sûrement, sans hésitation, vers ce résultat final ; ils ne sont point inquiets. Or quel est l'artiste, j'entends les plus grands, les meilleurs, Léonard, Michel-Ange, qui n'ait point été dévoré d'inquiétude et qui ne l'ait point laissé voir dans ses œuvres ? Rêver au-delà, toujours au-delà !… Tel est le tourment des maîtres. On peut dire hardiment ceci : l'homme qui trouve une satisfaction complète dans l'œuvre qu'il vient de produire est quatre-vingt-dix-neuf fois sur cent un homme médiocre. L'artiste doit être vis-à-vis de lui-même comme l'enfant auquel on raconte une histoire : le chevalier a tué le géant, la bonne fée a brisé l'enchantement qui retenait la princesse prisonnière, les deux amans s'épousent et se jurent une foi éternelle. Le conte est fini ; l'enfant ouvre de grands yeux et dit : Et après ? A la suite de chaque œuvre produite, c'est là le mot que l'artiste doit se dire : Et après ? Quant à ceux qui s'appuient paresseusement sur un succès obtenu pour s'arrêter, se reposer, s'oublier dans l'admiration de leur propre valeur, qu'en penser, sinon qu'un capitaine qui s'endort est plus coupable qu'un soldat qui déserte. En somme, pour toutes les choses d'art, que signifie un succès ? Un encouragement à faire mieux encore.

Si la petite école belge nous est supérieure quant à l'exécution, ce qui ne me paraît point douteux, il faut avouer aussi qu'en matière de composition nous ne pouvons approcher des Allemands ; je n'entends point désigner les Allemands peintres de genre qui exposent à Paris leurs tableaux de chevalet, ni surtout M. Knaus, qui tend à ne plus être bientôt qu'un peintre comique, ce qui est fort triste. Je veux parler des Allemands peintres d'histoire qui ont eu cette bonne fortune de rencontrer dans leur pays les encouragements qu'une nation éclairée doit aux arts, et qui, grâce à cette protection, ont pu, à force de temps, d'efforts et d'étude, arriver à ouvrir une voie nouvelle à l'interprétation de l'histoire par la peinture. La composition ne consiste pas à disposer les personnages d'un tableau dans des attitudes variées, de manière qu'ils ne soient pas tous de profil ou tous de trois quarts ; la composition consiste à faire concourir tous les personnages à une action commune, qui est le sujet choisi par le peintre. Pour rendre plus facilement ma pensée, je prendrai un exemple : *l'Appel des condamnés* de M. Müller, grande toile exposée il y a quelques années, n'est point un tableau composé ; en effet, si l'on supprime l'homme qui lit la liste lugubre, toute l'action disparaît, le sujet n'existe plus, et l'on se demande avec raison ce que font tous ces personnages qui posent et n'agissent point. Si au contraire on veut regarder *la Mise au Tombeau* de Titien, qui est au Louvre, on verra un tableau où chaque acteur, s'empressant par son action particulière d'aider à une action générale, prouve une composition aussi simple que savante. La manière dont les maîtres italiens composaient ne peut être comparée à la manière dont les Allemands modernes composent, je le sais ; cela est naturel : les premiers étaient des hommes d'impression, sensuels et prime-sautiers ; les seconds sont des hommes de réflexion, spiritualistes et avant tout métaphysiciens. Leur composition est trop souvent recherchée, parfois obscure : elle a besoin d'une sorte de commentaire pour être expliquée, c'est là un tort assurément ; mais en somme il vaut encore mieux trop composer que de ne point composer du tout, et je suis persuadé que l'école française trouverait un grand profit à étudier la façon dont M. Kaulbach comprend et traite la peinture d'histoire. Je connais tous les reproches qu'on peut lui adresser; je sais que sa couleur froide, sèche, détrempée, manque de modelé, qu'elle est à la fois creuse et dure, ceci rentre dans l'exécution, et ce n'est point de cela qu'il s'agit; mais je sais aussi que nul n'a peut-être poussé plus loin que lui cette science à la fois d'historien et d'artiste par laquelle un peintre s'empare d'un fait, l'entoure des détails contemporains, les groupe ensemble et en tire une sorte de synchronisme rationnel par lequel il le fait comprendre aux foules d'une façon neuve et supérieure. Sa *Destruction de la tour de Babel*, dont le carton doit être présent à tous ceux qui ont visité l'exposition universelle de 1855, est un chef-d'œuvre en ce genre. C'est de la littérature ! me dira-t-on. Non pas, car la littérature ne peut me raconter que successivement la construction, la destruction de la tour orgueilleuse et la dispersion des racés qui en fut la conséquence, tandis que la peinture me présente d'un seul coup, et de manière à frapper mon esprit pour toujours, les faits différents corollaires les uns des autres, et dont l'ensemble constitue un seul des grands événements de l'humanité. Notre esprit français, très clair, très précis, demandant avant tout qu'on lui montre des choses saisissables au premier aspect, pourrait n'être point satisfait des interprétations allemandes, et se vite fatiguer de ces vastes scènes qui lui paraîtraient des rébus dont il ne voudrait pas s'ennuyer à chercher le mot : rien ne serait plus facile, tout en étudiant les lois générales qui ont présidé à ces compositions, que de les modifier selon nos aptitudes. Du reste, à quoi bon traverser le Rhin? Nous ressemblons à l'homme des Écritures, nous avons des yeux pour ne point voir; sans sortir de France, sans remonter au-delà de ce siècle, nous avons à Paris même des exemples qu'on ne devrait pas se lasser d'étudier, afin de les suivre, s'il est possible. *Les Pestiférés de Jaffa, le Champ de bataille d'Eylau*, sont des toiles d'une composition admirable, et d'une clarté telle qu'elle doit contenter les Français les plus exigeans. Gros reste encore le plus grand peintre français du XIXe siècle, et l'ingrate génération qui l'a contraint à là mort en l'abreuvant de dégoûts sans nom semble avoir été frappée de stérilité en punition de ce forfait.

Ce défaut de composition qu'on remarque avec tristesse dans les œuvres d'art exposées aujourd'hui tient surtout, il faut bien le dire, au manque d'imagination des artistes; l'absence d'étude et de composition a frappé leur esprit d'une stérilité singulière; la plupart des tableaux soumis cette année au jugement du public ne sont guère que des répétitions. Lorsqu'un peintre a obtenu un succès d'estime ou de curiosité avec une de ses toiles, il la recommence à satiété, modifiant çà et là certains détails, mais reprenant la même pensée, l'enfermant dans le même milieu, cherchant le même effet de lignes et employant les mêmes procédés de coloration. Il y a des artistes qui semblent condamnés à perpétuité aux Bretons, aux vues d'Egypte, à l'Auvergne, aux scènes d'Alsace. A force de tourner dans le même cercle, ils s'épuisent et ne réussissent plus à attirer le public, qui s'éloigne d'eux, fatigué de voir sans cesse la répétition affaiblie de tableaux qu'il connaît déjà. Les artistes se satisfont trop facilement par les qualités qu'ils possèdent, et paraissent ignorer qu'en matière d'art, comme en toutes choses, rester stationnaire, c'est reculer. Quelques-uns d'entre eux, naturellement doués d'un coloris agréable, s'en tiennent pour toujours à cette mince faculté ; ils ressemblent à ces jeunes Mondeux, à ces enfants-prodiges qui, à l'âge de douze ans, résolvent instantanément les calculs les plus compliqués et qui sont hors d'état de se rendre compte scientifiquement du mécanisme à l'aide duquel ils agissent. Les peintres auxquels je fais allusion, et qu'il est superflu de nommer, ont débuté un jour par un tableau dans lequel on remarquait une qualité nouvelle, un coloris singulier, une façon inattendue d'interpréter les aspects de la nature; on les a applaudis, on leur a donné des encouragements, des éloges, souvent même des distinctions recherchées. En peignant ainsi, ils obéissaient à une loi fatale de leur nature, ils ne se sont point fécondés, agrandis par l'étude; ils ont continué à faire ce qu'ils savaient faire, sans même penser à chercher au-delà. Qu'est-il arrivé? L'engouement est tombé, et quand on regarde leurs tableaux, on croit les avoir déjà vus.

Il faut se renouveler sans cesse, si l'on ne veut périr; la nature est d'ailleurs infinie dans ses enseignements ; le même pays, les mêmes hommes offrent, à qui sait les voir, des aspects multiples qui peuvent inspirer les esprits réfléchis. M. E. Fromentin seul suffirait à nous le prouver. Il ne sort pas de l'Algérie ; tous ses tableaux semblent destinés à servir d'illustration à ses deux beaux livres : *Un été dans le Sahara, Un an dans le Sahel*, et cependant il se présente à chaque exposition avec des effets nouveaux rendus avec ce charme supérieur qui est le fond même de son talent. Par des œuvres dont les lecteurs de la *Revue* ont pu apprécier la valeur, M. Fromentin a prouvé qu'il savait, comme écrivain, concevoir, coordonner et produire, triple don qui suffit à constituer un esprit d'élite; dans la peinture, il a les mêmes facultés et sait en tirer un excellent parti, quoiqu'on puisse lui reprocher de concevoir ses tableaux au point de vue trop exclusif de la coloration. Il cherche évidemment un effet blanc, un effet rose, un effet bleu, et les personnages, le paysage, toute la composition en un mot, ne lui servent qu'à l'obtenir, et deviennent ainsi l'accessoire au lieu de rester le principal. On peut aussi lui reprocher de manquer parfois d'unité dans l'exécution. Son tableau de *la Curée*, qui est un effort considérable dont il faut tenir un grand compte (car il prouve que M. Fromentin tend toujours vers un idéal plus élevé),— ce tableau indique trop, par la manière dont il est peint, ce qui a été fait de souvenir et ce qui a été fait d'après nature; certains morceaux, généralement des détails de vêtements exactement copiés, arrivent à une sécheresse d'exécution qui contraste avec les grasses transparences des autres parties ; on dirait que l'artiste, à force de vouloir rendre la nature telle qu'elle est, a tout à coup oublié de la rendre telle qu'il la voit à travers ses rêves de colorations élégantes et d'attitudes distinguées. Il y a là pour M. Fromentin un péril que nous croyons devoir lui signaler : il ne sera jamais un réaliste; ce que l'on aime dans ses tableaux, ce n'est point la nature elle-même, c'est la façon dont il sait l'interpréter. Il est bon d'acquérir des qualités nouvelles, mais à la condition qu'elles ne nuisent pas aux qualités précieuses que l'on possède déjà. Aussi à cette toile, qui n'en est pas moins un essai très remarquable et digne d'éloges, je préfère *le Fauconnier arabe*, où je retrouve M. Fromentin tout entier, et je préfère surtout *le Bivouac au lever du jour*, qui est certainement jusqu'ici l'œuvre capitale du jeune artiste. L'aube incertaine encore lutte contre la nuit et colore l'horizon de ses lueurs pâles et indécises; les étoiles semblent s'éloigner dans le ciel; roulés dans leurs burnous, des Arabes sont couchés auprès des tentes d'étoffe sombre, pendant qu'au premier plan une femme, vêtue de cotonnade bleue, commence le pansement des chevaux; l'un d'eux, d'une nuance charmante, en harmonie parfaite avec les tons du ciel, hennit vers le soleil, trop lent à paraître, comme hennissait jadis le cheval qui donna la royauté à Darius, fils d'Hystaspe. Cette scène est bien simple, mais elle a été rendue de main de maître par un effet à la fois mystérieux et puissant qui est certainement le résultat d'une vive impression à jamais fixée dans le souvenir : l'air frais du matin, imprégné de rosée, glisse sur la plaine et fait frissonner, sous ses blancs vêtements, le cheik qui se réveille en prononçant la formule sacrée de sa foi. Quel voyageur en Orient ne s'est arrêté devant cette toile, en se rappelant avec émotion des aubes pareilles qui l'ont réveillé sur la terre nue où il avait dormi près de son bagage et sous les étoiles? La facture est une solide et fine, de cette délicatesse exquise et comme vaporeuse qui crée à M. Eugène Fromentin une incontestable et sérieuse originalité. C'est dans cette voie; qu'il fera bien de marcher : il y rencontrera des succès qui récompenseront ses efforts en affirmant sa valeur et en augmentant son renom. Il a trouvé moyen, dans ce tableau, de réunir deux qualités qui trop souvent se combattent et se neutralisent : l'exactitude et la poésie, union rare et qu'il est bon de signaler.

M. Fromentin n'a point d'élèves, mais en revanche il a beaucoup d'imitateurs; sans qu'il soit utile de les nommer, nous pouvons dire qu'ils sont nombreux. On a étudié ses procédés, la transparence de son coloris, la façon dont il sait avoisiner ses tons qui, souvent disparates, restent toujours harmonieux dans l'ensemble, car il leur donne une valeur, une vibration égale, ce qui seul constitue la science de la couleur. A-t-on réussi à surprendre son secret? J'en doute, et jusqu'à nouvel ordre, dans le genre de peinture où il s'est renfermé, il me paraît en être resté seul possesseur. Ses premiers plans, généralement parsemés de hautes herbes couronnées de fleurs bleues ou jaunes, ont eu un grand succès parmi ses confrères, qui s'en sont souvent emparés, et que j'aperçois même dans le tableau d'un peintre doué cependant par lui-même d'une très honorable originalité. Je parle du *Matin* de M. Protais. En effet, je retrouve là les chardons élégants qui égayaient les premiers plans des *Courriers arabes* de M. Fromentin, exposés en 1861. Ce n'est certes pas un reproche que j'adresse à M. Protais, c'est simplement une similitude que je lui signale : il est assez riche par lui-même pour s'être rencontré avec M. Fromentin. Ce tableau du *Matin avant l'attaque* a le mérite rare d'être le tableau militaire du Salon qui a le plus de valeur réelle au point de vue de l'art. Il attire la foule et la retient : c'est justice, car il exprime précisément ce qu'il veut exprimer; ce n'est point un mince mérite dans notre temps de confusion. A l'aube, par une claire matinée de printemps, sur un des récents champs de bataille de l'Italie, des chasseurs d'Orléans sont massés autour de leur commandant, qui, du haut de son cheval, scrute l'horizon du regard et arrête du geste, sans même se tourner vers eux, les clairons prêts à sonner : *Commencez le feu!* Les sombres uniformes se détachent vigoureusement sur la limpidité du ciel ; les groupes, bien composés, forment un ensemble habilement rendu, parce qu'il a été habilement compris; chaque attitude, variée sans être dissemblable, convient au sujet; les têtes sont expressives, elles le sont même peut-être un peu trop et rentrent par là plutôt dans le domaine des choses littéraires que dans celui de la peinture. L'individualité semble ici accusée à l'excès; en effet, le soldat est un être collectif, il obéit et ne délibère pas; seul, l'insurgé, le partisan est un être individuel, sachant spécialement pourquoi il se bat, quel droit il défend, quelle cause il attaque. Il y a là une différence essentielle, fort grave à observer, puisqu'elle touche à la vérité même, et je m'étonne que M. Protais ne l'ait pas saisie. Je vais plus loin : un soldat isolé est un homme, c'est-à-dire un être doué d'initiative personnelle; une troupe, fût-elle une troupe d'élite, ne sera jamais qu'une réunion de soldats, c'est-à-dire d'êtres qui reçoivent d'autrui leur initiative. Les chasseurs d'Orléans de M. Protais ont donc, pour être absolument vrais, trop d'originalité particulière; ils savent trop quel est le but militaire et politique assigné à leurs efforts. Il est fort rare qu'il en soit ainsi; l'intention de M. Protais était certainement excellente, mais il n'a pas tenu assez compte du cadre où il avait à la produire. Son tableau n'en reste pas moins digne du succès qui l'accueille; il prouve des études consciencieuses, une recherche intelligente, et me paraît supérieur à son pendant, *le Soir après le combat*, où l'on retrouve une préoccupation de l'effet dramatique poussée peut-être à l'excès.

En parlant de MM. Hébert et Gérôme, il y avait lieu d'exprimer un regret : c'est qu'ils n'eussent pas été plus efficacement encouragés à continuer les œuvres sérieuses qu'ils avaient essayées. Faudra-t-il, à propos des toiles de M. Protais, exprimer le même regret? Si l'on a jamais eu besoin d'un peintre de batailles, sans aucun doute c'est maintenant; l'art est absolument étranger aux grandes productions de cet ordre qu'on a vues depuis quelques années. Or, quand les hommes spéciaux et nécessaires n'existent pas, il faut les créer. M. Protais a en lui tous les éléments d'un peintre de batailles remarquable; saura-t-on les reconnaître et les utiliser? Tout ce que nous voyons depuis quelque temps en fait de tableaux militaires nous donne amèrement à regretter la mort d'Horace Vernet. Certes nous tous, artistes et critiques, nous avons été bien souvent injustes pour cet artiste éminemment français, qui connaissait nos soldats d'une si merveilleuse façon, qui, dans sa peinture trop lâche et trop plate, j'en conviens, avait l'entrain d'un colonel de chevau-légers, et qui nous a laissé dans plusieurs de ses tableaux des modèles qu'on est bien loin d'égaler aujourd'hui. Ses successeurs le font apprécier à sa juste valeur, car s'ils n'ont aucune de ses qualités, ils ont en revanche tous ses défauts.

Il en est de la peinture religieuse comme de la peinture militaire, elle n'est plus guère dignement représentée. Cependant elle est sans contredit un des buts les plus importants proposés à l'art, mais aussi l'un des plus difficiles à atteindre. En effet, la science des lignes, de la couleur, de la composition, ne suffit pas : il faut y joindre ce je ne sais quoi de pathétique qui émeut et frappe vivement l'esprit comme l'explication d'un symbole. Entre la peinture religieuse et la peinture décorative des églises, il y a une différence radicale dont les artistes se sont rarement rendu compte. Représenter Jésus et les douze apôtres n'est point malaisé; mais est-ce bien Jésus? Sont-ce bien les douze apôtres? Le plus souvent ce sont treize hommes porteurs d'attributs connus, vêtus de draperies de convention, mais dans lesquels on ne sent ni la Divinité, ni la foi qui traverse le martyre et gravit le ciel. La peinture religieuse doit avoir une âme, si j'ose parler ainsi; elle seule peut nous saisir et nous conduire dans le monde idéal, qu'elle a voulu nous rendre visible : c'est pourquoi nous sommes pris d'émotion en regardant ces tableaux naïfs du XIVe et du XVe siècle, tableaux de couleur sèche, de dessin raide, où des personnages dans des attitudes d'une gaucherie forcée se meuvent au milieu de paysages invraisemblables. Les hommes pieux et convaincus qui peignaient ces étranges panneaux se préoccupaient moins des rapports des tons entre eux et de l'harmonie des lignes que de rendre fidèlement ce qu'ils avaient entrevu dans les rêves de leur dévotion. Leur art était profondément spiritualiste et dégagé. Il y a des Christs au tombeau, des *Mater dolorosa*, des Madones allaitant, dessinés en dépit du sens commun, peints à faire rire un barbouilleur d'enseignes, et qui n'en sont pas moins des œuvres capitales, car elles portent en elles un sentiment puissant, vrai, élevé, éthéré, qui les impose et les grave profondément dans le souvenir. A mon avis, les dernières peintures réellement religieuses datent du commencement du XVIe siècle, dans les temps qui précèdent exactement l'apparition des grands maîtres de la renaissance, et je ne sais rien de plus beau en ce genre que la *Vierge* de Jean Bellin qui est à la pinacothèque de Venise. C'est le dernier mot de l'art spiritualiste en matière de sentiment. Aussitôt après, la renaissance fait sa grande révolution; la matière est substituée à l'esprit, la sensation au sentiment, l'exécution à la conception, et la peinture religieuse devient la peinture décorative des églises par des sujets empruntés aux livres religieux. Au lieu de chercher en soi la physionomie possible de la Vierge, sans cesse invoquée, on copia sa maîtresse; pour peu qu'elle fût jolie, et cela suffisait parfaitement à ces grands seigneurs de la catholicité, ivres de paganisme, qui, comme le cardinal Bembo, faisaient lire leurs offices par leurs valets de chambre, afin de ne point gâter leur latinité, et qui disaient qu'ils aimeraient mieux avoir fait l'ode d'Horace *ad Xanthiam* que d'être roi d'Aragon. La peinture religieuse ne s'est jamais relevée du coup qu'elle reçut des mains de ces artistes catholiques épris de l'antiquité : Jupiter Olympien devint Jésus-Christ, Apollon devint saint Jean, Vénus devint la Madeleine, et ainsi de suite. L'entraînement fut général, chacun y céda; je n'excepte que Michel-Ange, qui, dans ses formidables décorations de la chapelle Sixtine, resta toujours religieux, religieux à sa manière il est vrai, s'inspirant du Jésus d'Orcagna au Campo-Santo de Pise pour faire le Christ de son *Jugement dernier*, copiant son geste, mais le rendant terrible au lieu de lui laisser l'ineffable douceur que le maître primitif lui avait donnée. A partir de ce moment, le symbole se perd, l'interprétation disparaît; on prend une femme, on fait un tableau d'après elle : si elle est représentée vêtue, les yeux baissés, le front ceint d'un nimbe d'or, c'est la Vierge; si elle est nue, c'est Vénus; si elle est étendue sur la terre et voilée de ses cheveux, c'est la Madeleine; si elle est couverte d'un manteau d'hermine, si son front est pressé par une couronne murale, c'est Venise, ou Parme, ou Florence. En un mot, c'est l'attribut seul qui constitue le sujet. Tout est subordonné à la couleur et à la ligne, l'exécution seule est comptée pour quelque chose, le côté moral s'efface, et l'on entre de plus en plus dans le matérialisme qui amène l'art à n'être plus qu'un métier. Un fait curieux, et qui prouve combien les peintres de la renaissance avaient peu de souci des personnages qu'ils représentaient, me revient à la mémoire : on connaît le tableau de Titien célèbre sous le nom de *la Cassette*; c'est une belle jeune fille qui, détournant la tête, porte, élevé devant elle et du bout des doigts, un coffret précieux. Dans le principe, la jeune fille n'était autre que Salomé, et le coffret était le plat où gisait, sanglant, le chef de saint Jean-Baptiste. Ce sujet violent déplut au premier acquéreur, et d'un tableau religieux Titien, en deux coups de pinceau, fit un tableau de fantaisie. Si Salomé eût été comprise et exécutée au point de vue sérieux de la légende, une telle et si facile transformation eût-elle été possible? Toute fille d'Hérodias pouvant devenir une jeune fille quelconque, toute vierge n'étant qu'un portrait, n'est ni Salomé ni Marie; ce ne peut être tout au plus qu'un tableau irréprochable dans l'exécution : c'est ce dont les peintres se contentent, et j'estime qu'ils ont tort de n'être pas plus exigeants pour eux-mêmes et pour leurs œuvres.

A notre époque, où l'on ne croit plus guère à rien, pas même aux idées, où l'on n'a plus de foi que pour le succès, d'où qu'il vienne, deux sérieuses tentatives de peinture religieuse ont cependant été faites, l'une à l'église Saint-Germain-des-Prés par M. H. Flandrin, dont *l'Entrée du Christ à Jérusalem* est une œuvre considérable; l'autre par M. Matout, à la chapelle de l'hôpital Lariboisière, où *l'Adoration des Bergers* et la *Pieta* restent comme un des beaux spécimens de la peinture murale de notre temps. M. Matout est un artiste d'un tempérament violent et même brutal; il étouffe, se débat avec peine dans les petites toiles, ainsi qu'on peut le constater cette année dans son *Moïse abandonné sur le Nil*, dont pourtant le paysage est charmant et d'une fantaisie orientale qui touche de près à la poésie réelle. M. Matout semble ne chercher que la force et mépriser la grâce; il dédaigne les artifices, laisse aux faiseurs les yeux en coulisse, les attitudes provoquantes, les nus savamment disposés; il s'adresse à l'esprit, non aux sens; sa peinture est franche, sans sous-entendu. S'appliquant et modifiant un vers célèbre, il pourrait dire aussi : « Mon pinceau est honnête homme ! » Ce n'est point un mince mérite que d'être digne d'un tel éloge dans un moment où les artistes semblent s'être donné le mot pour arriver aux dernières limites des provocations malsaines. Le grand tableau de M. Matout, la *Rencontre de saint Joachim et de sainte Anne*, est conçu et exécuté en pleine lumière ambiante, à l'abri des ressources faciles du clair-obscur et des jours frisants. La lumière vient à flots, ainsi que dans la nature, et, comme elle est égale partout, elle n'est point criarde : elle enveloppe d'une atmosphère harmonieuse les personnages, les baigne de ses ondes limpides, adoucit leurs contours, et détache leur modelé puissant et ferme, qui n'a eu besoin d'aucuns *luisants* pour être vigoureux. Le sujet est fort simple : devant un monument de belle disposition architecturale et entouré d'une sorte de cloître qui rappelle les portiques des pays orientaux, Joachim, ceint par anticipation du nimbe bienheureux, rencontre celle qu'on avait surnommée *Channah*, la gracieuse, dont nous avons fait Anne. Le père de la Vierge est un homme solide et froid, d'une sévérité forte, et résigné d'avance aux chances douloureuses de la vie. Sainte Anne, par l'extrême douceur de son regard, par la sensualité trop accusée de ses lèvres, par toute son attitude, humble à force de soumission, indique la faiblesse et la confiance de la femme qui remet son sort tout entier aux soins de son époux. Dans cette toile, froide d'aspect, d'une grande dignité de composition, d'une réserve toute religieuse, il y a une intention extrêmement honnête et le dédain évident des succès faciles. On sent que l'artiste qui a peint ces deux personnages a un idéal très élevé qu'il poursuit malgré tout, et qu'il atteindra, car il sait qu'il existe, puisqu'il l'a entrevu. Tout simple, tout élémentaire que soit le sujet, il y a là un essai de grande peinture, et nous avons dû en parler, car c'est le seul que nous ayons rencontré en parcourant les diverses salles de l'exposition. Les artistes qui étaient appelés par leurs études et par leurs antécédents à en faire ont déserté leur voie première, et, sans bien se rendre compte du chemin qu'ils ont parcouru, ils en arrivent à ne plus faire que de la décoration, j'entends de celle qui convient aux salles de concert, aux cafés et aux boudoirs. C'est ce qui nous vaut le nombre, heureusement inusité, de Vénus qui, à défaut de beauté, offrent des séductions de mauvais aloi où l'art ne se montre guère.

Une des premières qualités de l'art, la principale peut-être, est la chasteté. Les œuvres des maîtres sont chastes, parce qu'elles ont été conçues par des esprits vraiment doués du sens de l'idéal. Les *Vénus* de Titien, qui sont à la tribune de Florence, la *Danaé* du Corrège, qui est au palais Borghèse, la *Galatée* de Raphaël, qui est à la Farnesina, sont chastes; en elles, tout peut être avoué. Ce sont des déesses, et elles n'ont rien des provocations de la femme. Sans remonter si loin, nous avons eu sous les yeux les œuvres d'un peintre contemporain qui bien souvent, et par prédilection, a peint des femmes nues. M. Ingres, dans l'*Andromède*, la *Vénus Anadyomène*, l'*Odalisque, la Source,* dans *l'Age d'or,* inachevé; du château de Dampierre, a traité la nudité dans toute sa splendeur, et jamais, par un seul trait, il ne s'est éloigné de la plus pure chasteté. C'est donc avec peine que nous voyons les peintres s'engager dans les erreurs qui les ont tentés aujourd'hui, car, une fois entraînée sur cette pente, la peinture en arrivera promptement, par la loi fatale de la vitesse acquise, à des œuvres qui n'ont plus de nom dans la langue honnête. Il suffit d'avoir vu et regardé une seule des colonnes du Parthénon pour comprendre combien l'art était chaste aux belles époques de la Grèce. C'est seulement par la décadence que les artistes de l'Hellade sont tombés dans ces représentations sensuelles dont parlent les historiens, et qui pour la plupart n'étaient que des fantaisies coupables commandées par de riches particuliers. L'art ne doit pas avoir plus de sexe que les mathématiques; le comprendre autrement, c'est le rabaisser à un tel niveau que les esprits sérieux s'en éloigneront. Qu'est-ce que la Vénus de Milo? Une admirable statue ; il faut une certaine réflexion pour comprendre qu'elle est femme.

C'est aux gynécées de l'Orient qu'il faut renvoyer les créatures qu'on nous montre aujourd'hui; elles n'ont rien à faire dans notre vie tourmentée, où la femme a sa grande et belle fonction à remplir. Si elle n'est que la tentation et la volupté, elle s'appelle Dalila et Omphale; qu'elle reste à l'antiquité, à qui je ne l'envie guère. Si elle est la récompense et le devoir partagé, elle est la femme de notre temps. C'est ainsi du moins qu'il faut nous la montrer. A ces Vénus qu'on peint avec tant de soin, l'on peut crier l'anathème d'Henri Heine : « Tu n'es plus qu'une déesse de mort, Vénus Libitina ! » car ce sont encore moins que des courtisanes. Je ne veux pas qu'on puisse se méprendre sur ma pensée et croire que je désirerais bannir le nu de la peinture : non point. L'être nu est l'être abstrait, il doit donc avant tout préoccuper et tenter l'artiste; mais vêtir le nu d'impudeur, rassembler dans les traits du visage toutes les expressions qu'on ne dit pas, c'est déshonorer le nu et faire acte blâmable.

Que de la Vénus barbue de Chypre, type primordial de la fécondité mâle et femelle, déesse androgyne née de la mer, symbolisant l'action génératrice du soleil sur l'élément humide, soit sortie la Vénus d'Homère, être faible et de beauté parfaite, cela se conçoit facilement, car chaque attribut des dieux primitifs, sortes de monstres antédiluviens des olympes primitifs, devint une divinité. Vénus, gardant pour elle-même la beauté, donna la fécondité à Cérès, l'agilité à Diane, la multiplicité à Amphitrite : elle resta donc et nous est arrivée comme prototype de la femme divinisée par la beauté des formes. Elle n'en variait pas moins selon les lieux où on l'adorait : à Athènes, sous forme hermétique, on l'appelait l'aînée des Parques ; dans certains bourgs de l'Attique, elle présidait aux naissances, comme le prouve son surnom de *Génétylis*; à Cnide, elle était invoquée comme déesse maritime, procurant d'heureuses navigations; en Béotie, en Arcadie, à Corinthe même, on révérait la Vénus noire (*Melœnis*), et il n'est point superflu de remarquer que le paganisme grec en légua la tradition à la religion orthodoxe, qui, s'appuyant sur un verset du Cantique des cantiques, adopta et propagea le culte de la Vierge noire : *sum nigra, sed formosa*. Toutes ces légendes de Vénus différentes, qui en somme ne sont qu'une seule et même divinité vue sous différents aspects, étaient déjà presque oubliées en Grèce lorsqu'Apelle peignit pour l'île de Cos la *Vénus Anadyomène*. Si l'on en croit la petite statue de bronze publiée par Millin, et qui, selon lui, est une reproduction du tableau d'Apelle, la déesse était représentée debout, tordant de chaque main une grosse mèche de ses cheveux encore humides; c'est de ce document antique que M. Ingres s'est probablement inspiré pour peindre sa *Vénus*. Autant que nous en pouvons juger à pareille distance et d'après des manuscrits aussi douteux, Vénus naissante était chaste absolument. Et comment ne l'aurait-elle pas été? elle venait d'éclore à la vie.

Les Vénus aujourd'hui sont autrement comprises, et je le regrette; je regrette surtout de voir un artiste de talent, M. Cabanel, dont le début déjà ancien (1852), *la Mort de Moïse*, annonçait un sérieux peintre d'histoire, tomber dans cette peinture trop gracieuse, bonne à faire des dessus de porte. Il y avait mieux et plus haut à tenter. M. Cabanel a beaucoup étudié, beaucoup appris, cela se voit facilement : sa touche est excellente, son modelé très ferme; il se préoccupe de la ligne, la cherche, la trouve souvent et la développe avec une habileté toute magistrale. Sa couleur est généralement plus blanche que claire; telle qu'elle est néanmoins, elle est harmonieuse et parfois plaisante. M. Cabanel a de grandes qualités de peintre, qualités acquises par l'étude, il est vrai, mais qui lui permettraient d'essayer la grande peinture. Il avait autre chose à faire que cette *Naissance de Vénus*, harmonie blanche et bleue à laquelle une femme nue sert de prétexte. Un reproche en passant : sa Vénus ne naît pas, elle se réveille. Couchée sur une vague dont le soulèvement blanchi d'écume lui sert d'oreiller, elle est étendue de façon à faire ressortir le contour des hanches et de la poitrine; de ses yeux à peine entr'ouverts, elle semble solliciter l'admiration du spectateur et lui dire : « Vois comme je suis belle ! regarde, je suis là pour que tu me contemples à ton aise; la mer est un prétexte, mon nom un laisser-passer. Je suis une femme, rien de plus, mais rien de moins, et si le vieux roi David m'avait seulement aperçue, il m'eût préférée à la jeune Abigaïl! » C'est trop, tout ce discours est inutile, et cette Vénus n'en tient pas d'autre. Elle est fort bien peinte, d'un pinceau savant, trop laiteuse de ton, mais ferme dans le modelé, et d'un ensemble qui serait heureux, s'il n'avait certaines exagérations intentionnelles qu'il ne convient point d'indiquer. Pour éviter le reproche qu'on aurait pu lui adresser de n'avoir fait qu'une *académie*, M. Cabanel a placé au-dessus de sa Vénus un groupe d'amours qui voltigent dans le ciel bleu, où ils se détachent comme un nuage blond et rose. J'en reviens toujours à mon dire, c'est plus de la décoration que de la peinture : c'est un trumeau conçu en réminiscence des gaillardises du siècle dernier, et qui, pour reprendre son véritable caractère, perdu dans un cadre au milieu des tableaux voisins, a besoin du reflet des glaces, de l'éclat des bougies, du papillotement lumineux des girandoles de cristal. Pour bien apprécier cette toile à sa juste valeur et la regarder sans trop de surprise, il faudrait la voir dans son vrai milieu, à travers un bal, à l'heure de l'enivrement qu'amènent la musique, les parfums et la danse : elle apparaîtrait alors comme la note suprême de la symphonie, comme une promesse ou comme un souvenir; mais l'œuvre d'art qui a besoin d'un entourage spécial pour être portée à tout son effet est-elle bien une œuvre d'art? Prenez l'*Hérodiade* du Pordenone de la galerie Doria, l'*Ecce Homo* de Cigoli du palais Pitti, la *Maison rustique* de Van Ostade du musée de La Haye (on voit que je ne cite point les chefs-d'œuvre), mettez-les où vous voudrez, dans n'importe quel milieu : ce seront toujours d'admirables tableaux.

Si nous ne sommes point satisfait de l'*académie* de M. Cabanel, qui est la Vénus *pandémos* et non point la Vénus Anadyomène, que dirons-nous donc de la figure que M. Baudry expose sous le titre de *la Perle et la Vague*? Là du moins l'intention du peintre n'est point douteuse; il a fait ce qu'il voulait faire, et ce qu'il a cherché, nous n'avons pas à l'expliquer ici. Allégoriser une vague n'est pas chose facile. Qu'est-ce qu'une vague? L'inquiétude, la profondeur, la perfidie, l'instabilité. Qui ne se souvient du beau quatrain du poète allemand Karl Tanner : « Une vague dit à l'autre : Hélas! que notre course est rapide! Et la seconde dit à la troisième : Vivre peu, souffrir moins! » M. Baudry n'a point réfléchi à tout cela, il a procédé comme toujours avec une confiance assurée et naïve qui prouve un esprit fort peu tourmenté. Il serait cependant peut-être temps que M. Baudry fît un tableau; depuis son *dernier envoi* de Rome, qu'avons-nous vu de lui? Une femme nue dans un bois, c'était Vénus; la même femme couchée dans une grotte, c'était la Madeleine; la même, femme vêtue à la mode de 1793, c'était Charlotte Corday; aujourd'hui il nous montre la même femme la tête renversée sur un matelas de sable, et il l'appelle la *vague*. En vérité c'est par trop simple, et c'est traiter avec trop de sans-façon le public, qui pourrait bien ne pas tarder à se fatiguer de ce laisser-aller si commode. L'absence de composition est radicale dans tous ces tableaux, et elle en arrive aujourd'hui à ce point très curieux que, si l'on fait abstraction des accessoires voisins du personnage, le sujet disparaît complètement. En effet, si l'on supprime par la pensée cette lourde vague en papier peint qui forme le fond du tableau, si l'on supprime également deux ou trois coquillages admirablement traités, que restera-t-il? Une femme, et dans quelle posture ! avec quel regard! Passons : ceci n'étant de l'art par aucun côté, nous n'avons rien à en dire. La toile de M. Baudry n'indique pas moins des qualités remarquables qu'on voudrait voir mieux appliquées, M. Baudry a été doué, ceci n'est point douteux; il doit à la nature un coloris d'une distinction rare, seulement il se trouve satisfait de cette unique faculté et n'en cherche pas d'autres. Il ne compose absolument pas ; on dirait que le modèle prend la pose qui lui convient et que M. Baudry se contente de le copier. Son modelé est tellement creux que bien souvent ses figures ont l'air d'être peintes sur baudruche ; quant à son dessin, il est parfois bien incomplet, ainsi que l'on peut s'en convaincre en regardant sa *vague* et surtout le *portrait de Mme E...* M. Baudry excelle à manier les bleus et les blonds, il sait en tirer des effets nouveaux, imprévus et parfois excellents; il en abuse, il est vrai, quelque peu, mais comment le lui reprocher? N'est-il pas naturel d'aimer à faire ce que l'on fait bien? Je crains que M. Baudry ne se soit abusé et qu'il n'ait pris la vogue pour du succès. En reconnaissant dans sa peinture la très agréable coloration qui en fait jusqu'à présent le seul mérite et en l'applaudissant avec justice, on n'a pas entendu dire au jeune peintre que cela suffisait; on a cru que, maître d'une des qualités qui donnent le plus de relief à l'exécution matérielle, il allait tâcher d'acquérir les autres afin de faire de l'art. On attendait un *tableau* de lui, on l'attend encore; l'attendra-t-on longtemps? J'ai bien peur maintenant qu'on ne l'attende toujours.

Certes M. Baudry sait se servir de sa brosse, il a d'enviables habiletés ; il cherche la couleur, trop exclusivement peut-être, et la rencontre parfois, comme le prouve son portrait de *M. E. Giraud*, très adroitement traité dans la pâte, malgré les *luisants* absolument inutiles dont il a parsemé le visage pour lui donner un relief qu'un artiste sérieux eût obtenu sans ces *ficelles*, et en serrant simplement son modelé. Malheureusement il a une façon de regarder le modèle et de comprendre l'art qui l'empêchera d'aller jamais bien haut, et qui semble le condamner à perpétuité aux singuliers sous-entendus qui lui sont chers. M. Cabanel, qui malgré la déviation qu'il subit depuis deux ans a le tempérament d'un peintre d'histoire, sortira sans effort, quand il le voudra, de la peinture décorative dont il nous montre un échantillon. Je voudrais pouvoir en dire autant de M. Baudry ; mais je crains qu'il ne soit là dans sa vraie voie et qu'il ne l'ait choisie que parce qu'il n'en voyait pas d'autres ouvertes devant lui. La peinture décorative n'est point après tout un genre à dédaigner, et M. Baudry peut y acquérir de la gloire : qu'il tire donc le meilleur parti possible de sa façon de comprendre l'art et de voir l'humanité, qu'il fasse des amours bouffis et des femmes nues; mais alors qu'il leur ferme les yeux ou qu'il veille sévèrement à l'expression de leur regard. *La Vague* restera une tentative malheureuse. Il est peut-être bon toutefois qu'on ait vu où l'on peut arriver lorsque, ne cherchant que la grâce, on ne sait pas la contenir dans les limites au-delà desquelles elle change de nom. En somme, cet art étrange, qu'on dirait inspiré par les plus déplorables traditions du paganisme hindou, correspond très nettement à certaines tendances à la fois religieuses et sensuelles de notre époque : c'est l'adoration de la rose mystique, des saintes reliques de Charroux; en un mot le culte exclusif de la matière dans toutes ses manifestations.

Ce souffle énervant et malsain qui inspire aux peintres des conceptions mauvaises n'a point non plus épargné la sculpture. Cet art naturellement froid, auquel la blancheur du marbre semble imposer une chasteté native, fait des efforts désespérés cette année pour parvenir à être aussi inconvenant que la peinture, et il n'y arrive que trop souvent. On a reproché autrefois à M. Clésinger, et non sans raison, sa statue dite *la Femme au Serpent* : les sculpteurs de notre temps ont laissé M. Clésinger bien loin derrière eux; on le trouverait prude aujourd'hui. Pradier, en cherchant exclusivement la grâce, est souvent descendu jusqu'à l'afféterie, je le sais; mais il est un point qu'il n'a pas dépassé, et je ne me souviens pas qu'il ait jamais été provoquant. Les nymphes, les bacchantes, les Vénus, les philosophes même prennent maintenant les attitudes les plus violentes, se livrent aux contorsions les moins naturelles, pour mettre précisément sous les yeux du spectateur ce que sans doute il ne demande pas à voir de si près. Diderot, dans la verte langue qu'il osait si bien parler, a dit à ce sujet, dans ses immortels *salons*, une phrase que je ne puis répéter, mais dont le sens est celui-ci : à force de me montrer et de me contraindre à regarder des choses que je n'ai point envie de voir si nombreuses et si fréquentes, vous m'en fatiguez jusqu'au dégoût! — Que dirait-il donc maintenant, s'il parcourait les salles et le jardin de l'exposition? Pas plus ici que pour la peinture, ai-je besoin de le répéter? je ne regimbe contre le nu, car il est, je le sais, l'élément même de la statuaire; mais je trouve que le nu cesse d'être honnête lorsqu'il est traité de façon à exagérer intentionnellement certaines formes aux dépens de certaines autres, et quand il s'efforce de produire une tout autre impression que celle du beau.

Il est heureux que toutes ces nudités tapageuses soient assez médiocres pour que nous soyons autorisé à n'en point parler. En revanche, et c'est pour nous, une bonne fortune qui nous a été trop rarement offerte, nous avons à signaler et à louer presque sans réserve deux statues qui sont, je crois, le début de M. Paul Dubois. L'artiste a cherché le beau, et non pas autre chose, cela est manifeste; le choix seul des sujets, *Saint Jean, Narcisse*, l'indique, suffisamment. Comme un artiste épris de la vraie beauté, de celle qui se raisonne, s'épure, s'appuie sur l'étude du vrai et sur la discussion intérieure, il a, pour modèle, préféré l'homme à la femme, et il a eu raison, car au point de vue du beau abstrait, l'homme, lorsqu'il est envisagé en dehors des questions d'histoire naturelle qui tendent sans cesse à obscurcir les principes d'esthétique, l'homme, type de pondération parfaite et chef-d'œuvre de dynamique, est supérieur a là femme, vouée par sa fonction spéciale à porter un fardeau qui exige un contre-poids et des arcs-boutants. Les sculpteurs d'autrefois, qui savaient leur métier et qui adoraient avec ferveur ce τό χαλόν dont nous avons maintenant oublié toutes les règles, n'ignoraient point la supériorité des formes mâles, et ils l'ont bien prouvé, car presque toujours ils ont, jusqu'à un certain point, *masculinisé* leurs statues de femmes. M. Dubois s'est inspiré de la nature vue à travers les traditions de l'antique et de Michel-Ange; l'attitude de son *Narcisse* rappelle de loin un des *esclaves* du maître par excellence. Ceci n'est point un reproche que nous adressons à l'artiste : qu'il ne s'y, méprenne pas, c'est un éloge. La ligne générale; du personnage est développée avec un soin et un souci de la pureté qu'on ne saurait trop admirer; elle est à la fois très ferme et très souple, ce qui tient à son extrême harmonie; point de contorsion, point de geste exagéré; tous les membres concourent au même mouvement et prouvent, par la belle ordonnance de l'ensemble, qu'une figure seule exige autant qu'un groupe une science profonde de composition. Si dans les contours il y a quelques mollesses encore, ce n'est point à l'artiste qu'il faut les reprocher, mais bien à la matière dont la statue est faite. Le plâtre en effet est toujours opaque, lourd; il englué le modelé et l'indique plutôt qu'il ne le précise. La pose est fort simple et naturelle. Narcisse est debout, il a replié son bras jusqu'à la hauteur de son visage et s'admire en inclinant la tête vers son corps, qu'il tâche d'avoir dans son ensemble. Certaines parties m'ont semblé traitées avec une habileté rare; je signalerai entre autres le dos, l'épaule et l'attache des reins, qui paraissent indiquer un artiste familiarisé avec tous les détails de l'anatomie, qu'il rend dans leur vérité réelle, sans les outrer à plaisir, comme le font beaucoup de sculpteurs, qui croient ainsi donner une preuve de force et n'accusent le plus souvent que leur faiblesse. Enfin c'est une œuvre d'un style et d'une ampleur auxquels nous n'étions plus accoutumés depuis longtemps.

Le *Saint Jean* a des qualités analogues, relevées par je ne sais quoi de plus vivant : la gracilité du sujet n'a point exclu le modelé, qui dessine une maigreur vigoureuse telle que doit être celle de l'ascète ardent qui ne parle aux hommes que pour leur annoncer la bonne nouvelle. L'enfant est nu, debout, marchant à grands pas, levant le bras et criant : « Voici l'agneau de Dieu ! » La tête chevelue est fortement accentuée, tous les traits, vivement accusés, sont en harmonie directe avec le sujet; le regard surtout a été, il me semble, très étudié par l'artiste, qui lui a donné cette indécision singulière qu'on rencontre presque toujours chez les illuminés. C'est une excellente statue, très vivante, d'une exécution encore alourdie par le plâtre, mais à laquelle le marbre rendra toute son énergie et toute sa finesse. Saint Jean est ce que j'appellerai en statuaire un sujet moderne, c'est-à-dire dont l'antique n'offre aucun modèle; par conséquent c'est un sujet propre à séduire un esprit hardi qui comprend que la sculpture de notre temps ne correspond plus aux besoins qui lui donnaient autrefois sa raison d'être. Le temple, l'*heroum*, le Panthéon n'existent plus; les statues qui pouvaient les peupler jadis n'ont point grand rôle à remplir aujourd'hui, et c'est, à mon avis, resserrer l'art dans des limites trop étroites que de le forcer à imiter toujours les exemples anciens recueillis, dans nos musées. C'est réduire la statuaire à n'être plus qu'un art décoratif pour les jardins et les vestibules. Ne doit-elle pas s'assigner un but supérieur, et les allégories des passions, des souffrances, des vertus, des vices de notre temps, n'ont-elles pas de quoi la tenter?

Représenter la faim comme M. Carpeaux l'a fait cette année sous la figure d'*Ugolin*, c'est simplement prendre un sujet presque exclusivement propre à la peinture et le traiter au point de vue de la statuaire. Je n'en reconnais pas moins le talent de M. Carpeaux ; mais la sculpture est un art qui doit dire d'un geste toute sa signification. Les divinités qu'on adorait jadis, et qui paraissent tant tenir au cœur des sculpteurs, ne sont point toutes mortes encore ; il y en a qui vivent parmi nous et dont à chaque heure nous subissons la loi implacable. Jupiter crétois s'unit avec Thémis, la loi primitive ; il en eut trois filles, qui sont Dikè, Eunomie et Eirenè, c'est-à-dire la Justice, la Légalité, la Paix. Grâce au ciel, les trois déesses n'ont point disparu le jour où l'on entendit une voix qui criait : « Le grand Pan est mort ! » Les Parques non plus ne sont point mortes, mais elles ont à présent quelque chose d'inquiet et de précipité que la placide antiquité n'a point connu. Dans la *malesuada Fames* dont parle Virgile en son sixième livre de l'*Enéide*, il y a un admirable groupe moderne à faire ; comment ne l'a-t-on jamais tenté ? Les sculpteurs devraient aviser à sortir de leur stérilité, car depuis plus de quatre-vingts ans ils tournent dans le même cercle sans pouvoir s'en échapper ; ils font et refont sans cesse ce qui a déjà été fait avant eux ; ils ne cherchent point l'inspiration en eux-mêmes, ils ne la cherchent que dans leurs souvenirs. Ce qui leur manque, c'est l'imagination et la réflexion. Ils ne voient pas, ne comprennent pas qu'en notre âge si singulièrement fécond en découvertes, une allégorie nouvelle, c'est-à-dire une statue, naît par jour. Bien plus que la peinture, la statuaire, art relativement abstrait, est destiné à donner une forme matérielle aux pensées humaines. Nous en sommes toujours à l'Olympe antique, dont les dieux sont devenus ce que Henri Heine nous a si bien raconté. Ce n'est pas d'aujourd'hui qu'auprès du mont Ida on grava cette inscription sur une stèle : « Jupiter ne tonnera plus, il est mort depuis longtemps ! » Il est à remarquer que l'art chrétien en sculpture n'a jamais existé que comme décoration symbolique architecturale. A plus forte raison, on chercherait en vain l'art vivant, c'est-à-dire inspiré par les idées modernes, qui avant tout, pour être vrai, devra être philosophique.

On n'en traite pas moins encore aujourd'hui les sujets empruntés à la mythologie païenne avec un grand talent ; M. Perraud est là pour le prouver avec son *Enfance de Bacchus*, groupe en marbre qu'une exécution magistrale rend très important. Il n'y a point lieu de louer M. Perraud ; une voix plus autorisée que la mienne a dit dans la Revue ce qu'on devait penser de lui. L'*Enfance de Bacchus* n'a été que le prétexte d'un groupe habile, car M. Perraud sait mieux que personne que les Hyades, les Dryades et les Heures eurent seules à veiller sur le fils de Jupiter pendant ses premières années ; son groupe est la contre-partie du *Faune à l'Enfant*, faussement appelé *Silène et Bacchus*, qui de la villa Borghèse a été apporté à notre musée du Louvre. Il est difficile de manier le marbre avec une dextérité plus remarquable ; en voyant plusieurs parties du faune assis, notamment la jambe repliée, le pied, les épaules, j'ai involontairement pensé à Pradier, qui fut un praticien d'une habileté hors ligne. Ce groupe abonde en détails charmants, traités avec une sûreté de ciseau peu commune ; mais je ne sais s'il constitue un ensemble bien grandiose, et si les lignes brisées, sans point de départ, qui le composent ne nuisent point au style, dont elles diminuent l'ampleur. Le faune est assis, une de ses jambes repliée sur le genou ; de ses bras élevés il fait danser sur son épaule un jeune Bacchus trop ventru, qu'il regarde en souriant d'aise. C'est gracieux, vivant d'expression, et surtout d'une exécution irréprochable. La nature, une nature épurée par le goût, a été étudiée et imitée avec un soin merveilleux ; la vie palpite dans cette large poitrine et circule sous ces muscles d'une réalité que le ciseau a pour ainsi dire poétisée. M. Perraud a fait la preuve d'un talent très élevé, car il est difficile de pousser plus loin la science de l'exécution. Que ce soit une *enfance de Bacchus* ou un *faune jouant avec un enfant*, cela importe peu : c'est un groupe remarquable, et c'est tout ce qu'il convient de constater. Cependant on pourrait lui reprocher de trop sentir l'étude du modèle et la préoccupation de l'antique ; il y manque ce je ne sais quoi de personnel et de caractéristique qui donne un cachet ineffaçable aux œuvres d'art ; en un mot il y manque la flamme divine, l'inspiration. Ce faune n'est point sorti de M. Perraud lui-même, il est sorti de ses souvenirs, j'allais dire de ses réminiscences. Il y a des faunes dans tous les musées du monde ; je crains bien qu'ils ne soient venus visiter M. Perraud pendant son sommeil et ne lui aient demandé encore un acte de dévotion à leur culte mort pour toujours. Ce faune, tout beau qu'il est, tout remarquablement traité qu'il soit, est-il égal (et, venant le dernier, il devrait être supérieur) à différentes statues analogues que nous avons vues dans les galeries d'Europe ? Non, et M. Perraud lui-même ne me démentira pas.

A quoi cela tient-il ? A ce que M. Perraud a moins de talent que les sculpteurs païens ? Peut-être, mais à coup sûr ce n'est point là la vraie raison. Cela tient à ce que les sculpteurs de l'antiquité croyaient aux faunes et que nous n'y croyons plus. Pour nous, un faune est un modèle, choisi avec plus ou moins de discernement, et vu à travers les réminiscences de telle statue, de tel bas-relief, de telle médaille ; pour les anciens, c'était un demi-dieu, un être intermédiaire entre l'homme et la divinité, à la double essence desquels, il participait : c'était un *démon*, comme l'on disait déjà. Les femmes le redoutaient, car on savait qu'il les guettait caché derrière les pampres grimpants ; les hommes l'invoquaient, lui faisaient des libations de vin nouveau et brûlaient des pommes de pin en son honneur. C'était un être irritable et fantasque ; on l'avait vu, nul n'en pouvait douter. On y croyait si bien, à ces pauvres demi-dieux rustiques, qu'en Arcadie les pasteurs rouaient de coups de bâton la statue du dieu Pan, lorsque les troupeaux étaient en souffrance, comme aujourd'hui les fortes commères de Naples soufflettent le buste de saint Janvier quand il tarde trop à faire son miracle. Or, pour bien représenter un dieu, il faut y croire. Faire un faune aujourd'hui, ce n'est point créer, ce n'est qu'imiter les faunes qu'on a déjà faits avant nous. L'antiquité avait sur nous un avantage incalculable : elle manquait de textes pour contrôler la vérité des personnages qu'elle représentait. L'idéal se faisait de lui-même, dans la légende, et l'artiste, pour l'interpréter, n'était point gêné par les documents qui lui imposent de nos jours telle ou telle forme. L'artiste pouvait faire Bacchus, Achille, Ulysse, Alexandre même, comme il se les figurait, et alors plus il leur donnait de beauté héroïque, plus il les faisait réels, car, disons-le en passant, plus une chose est belle, plus elle est réelle, la réalité étant la somme de perfection qu'un être créé peut supporter dans la limite de sa vie et de ses attributions, et c'est ce que les réalistes n'ont jamais compris. Maintenant il n'en est plus ainsi ; les types existent, nous sommes obligés de les suivre, par conséquent de les imiter ; si nous avons à représenter un héros, un poète, Frédéric, Voltaire, nous ne le pouvons concevoir qu'à travers l'histoire ; nous voyons l'homme tel qu'il était positivement, avec son dos courbé, avec sa petite taille maigre ; on est condamné à l'exact, et alors, au lieu de faire un héros, c'est-à-dire une statue, on copie un modèle, et l'on fait un portrait. Lorsqu'on veut absolument, et malgré la juste ironie moderne, diviniser ces mortels et les mettre au rang des dieux, on produit des œuvres ridicules, comme l'Achille-Wellington d'Hyde-Park ou le César-Louis XIV de la place des Victoires. Il faut donc, je crois, créer le type des allégories de la vie moderne ; c'est une gloire faite pour tenter un artiste d'élite : tentera-t-elle M. Perraud ? Je l'espère ; il me semble que son *Découragement*, exposé en 1861, était un premier pas fait dans cette voie, mais un pas de géant.

La douleur est une divinité de tous les temps ; elle n'a pas besoin d'être rajeunie pour être vraie, elle est éternelle comme l'homme, dont elle a fait sa proie ; elle est son inséparable compagne, et tant qu'un être humain vivra sous le ciel, la douleur vivra. Les mères inconsolables se retrouvent dans Eve pleurant la mort d'Abel, les femmes dédaignées se reconnaissent dans Sapho, et ceux qui ont perdu l'être qu'ils chérissaient tressaillent en voyant Orphée. C'est là une allégorie qui convient à la peinture aussi bien qu'à la statuaire, et un paysagiste éminent, M. Français, l'a prouvé en s'inspirant de la légende d'Orphée pour peindre un paysage qui, jusqu'à présent du moins, me paraît être son œuvre capitale. Voilà longtemps déjà que M. Français a pris rang parmi ces hommes de bon vouloir et de dévouement qui donnent à l'art tous leurs soins ; connu, célèbre même, il ne s'est point arrêté sur sa route ; jamais il ne s'est cru arrivé, il a travaillé sans relâche et sans repos, demandant aux natures variées de la France et de l'Italie de venir en aide à ses efforts, essayant de voir toujours mieux et plus haut, se débarrassant, par sa volonté, d'une sorte de lourdeur naturelle qui souvent a défloré ses tableaux, mettant de côté les préjugés d'école et marchant imperturbablement à son but, qu'il montre très nettement aujourd'hui, et qui paraît être l'idéalisation de la nature par les documents mêmes qu'elle fournit. En d'autres termes, M. Français semble vouloir réunir dans une même œuvre la double tradition de l'école classique et de l'école romantique. Cependant il ne fait point de paysage de pure fantaisie, comme les classiques qui, croyant s'inspirer de Claude le Lorrain, renversent absolument sa tradition ; il ne se contente pas non plus, comme les romantiques, de copier servilement la nature et de réduire l'artiste, c'est-à-dire l'inventeur, à n'être qu'un instrument plus ou moins habile, plus ou moins fidèle. La vue d'un clair de lune l'a fait penser à Orphée, et, s'aidant de ses *études*, il a composé un paysage qui rend précisément et communique l'impression qu'il a ressentie. C'est là une méthode excellente et vraiment digne d'un artiste.

M. Français ne s'est point demandé ce que c'était qu'Orphée ; il n'a point cherché si, dans les mythes antiques, Orphée, le joueur de lyre déchiré par les joueuses de flûte et de tambourin, ne symbolisait pas la grande lutte qui divisa le monde ancien, la lutte de l'esprit contre la matière, de la lyre contre la flûte, d'Apollon contre Bacchus, du dieu hyperboréen contre le dieu méridional, lutte traversée d'aventures diverses, donnant parfois la victoire à Apollon lorsqu'il écorche Marsyas vaincu, et parfois à Bacchus lorsque ses prêtresses tuent l'amant d'Eurydice, lutte qui dura jusqu'au jour où, dans les fêtes d'Eleusis, on réunit les flûtes aux lyres, où l'on réconcilia la matière et l'esprit dans le culte de la « bonne déesse. » Il ne s'est point préoccupé de tout ceci, et il a eu raison, car ce n'est point sujet à peinture, et cependant, porté par un sujet fortement conçu, il a créé un paysage absolument spiritualiste. La légende lui a suffi, et deux vers murmurés à son oreille par Virgile lui ont révélé tout ce mystère. C'est la nuit, la lune arrondit son pâle croissant dans un ciel d'améthyste tout parsemé d'étoiles, dont la lumière nacrée donne à la composition une incomparable douceur ; de hauts cyprès immobiles poussent dans l'éther leurs tiges vigoureuses, débordantes de sève ; des lauriers se contournent dans leur robuste vigueur ; les indécisions de la nuit humide noient les masses profondes de la forêt au-delà de laquelle on aperçoit la mer immense ; auprès d'un grand tombeau de forme grecque et portant le cher nom d'Eurydice, une théorie de ses compagnes vient jeter des fleurs et verser des larmes. Isolé au premier plan, appuyé contre un jeune laurier, sa lyre tombée près de lui, Orphée, les pieds sur l'herbe ruisselante de rosée, toute fleurie de marguerites, crie le nom adoré auquel l'écho seul répond maintenant : *Ah ! Miserum Eurydicen* ! Le dessin et le coloris sont égaux, d'une pureté et d'une puissance rares ; les harmonies nocturnes, rendues avec une extraordinaire fidélité, imprègnent le tableau de la même poésie qu'elles donnent à la nature. Malgré les tons obscurs où l'artiste était obligé de se tenir, tout est lumineux, car tout est en rapport ; rien ne détonne, nulle note n'est criarde : c'est une symphonie d'une mélancolie extraordinaire, c'est la lyre qui pleure, c'est le deuil d'Apollon. Ce qui, en dehors de sa facture, rend cette composition extrêmement remarquable, c'est qu'elle a été conçue à un point de vue très élevé et dans un esprit de vérité dont tous, à nos heures d'épreuve, nous avons fait la terrible expérience. Par une sorte de contre-point parfaitement combiné, elle montre que la nature, dans sa loi fatale, est implacable pour l'homme. Nous souffrons, notre cœur se brise, tout est fini, l'être cher a disparu, la nuit se fait en nous ; l'arbre pousse, l'oiseau chante, le soleil rayonne, la fleur s'épanouit ; la nature ironique regorge de vie pendant que nous nous enfonçons dans la mort. « O marâtre ! pourquoi ne veux-tu pas me consoler ? Je souffre tant ! » Les poètes ont compris cela, et ce n'est point sans raison que Byron a mis pour repoussoir aux affreuses péripéties du naufrage de don Juan un ciel bleu et une mer paisible. Cet horrible et nécessaire malentendu de l'homme et de la nature, M. Français l'a rendu de main de maître et avec une grandiose simplicité. Orphée, vêtu d'ombre, a glissé dans la douleur jusqu'à en toucher le fond ; il s'affaisse et dit : « Se peut-il qu'elle soit morte et que moi je sois seul à jamais ? » Les cyprès lui répondent : « Nous respirons la vie à pleins bords dans la rosée du soir. » Le gazon lui dit : « Demain des amoureux me fouleront aux pieds en chantant leur tendresse. » Le laurier même contre lequel il s'est appuyé lui murmure à l'oreille : « Je verdis, je grandis, mes racines puissantes plongent dans la terre et y puisent chaque jour une force nouvelle. » Et toute cette nature au milieu de laquelle il se désespère dans sa stérilité semble lui dire : « Notre loi, c'est la vie ! Et la mort même lui-apporte des éléments nouveaux ! » A ce point de vue, que j'appellerai moral, le paysage est exécuté avec une intelligence dont les peintres nous ont rarement donné l'exemple. Cependant je ne quitterai point M. Français sans lui faire un reproche qui ne manque pas de gravité. C'est Virgile qui l'a inspiré : pourquoi a-t-il corrigé Virgile ? C'est un tort, et le tableau s'en ressent. Je m'étonne que M. Français, qui est un homme de réflexion, n'ait point compris que l'isolement rend la douleur plus profonde et plus âpre. Le poète ne s'y est point trompé : son Orphée est seul, absolument seul, sur un rivage solitaire, et cela devait être, car la peine qui est partagée est déjà amoindrie :

Ipse, cava solans aegrum testudine amorem,

Te, dulcis conjux, te *solo* in litore secum,

Te veniente die, te decedente, canebat.

Le texte est positif, et si M. Français ne s'en était pas volontairement éloigné, il eût, j'en suis certain, produit une impression plus puissante. Dans cette troupe de jeunes filles qui viennent vers ce tombeau, de forme trop pompeuse, pleurer leur compagne perdue, il y a pour Orphée, sinon une consolation, du moins un adoucissement à son chagrin. L'artiste a été plus loin encore, il a voulu y mettre une espérance, car une des vierges se retourne de loin vers le lamentable Orphée, et semble lui dire : « Pourquoi un tel renoncement ? Ne suis-je pas là ? » Que M. Français me permette de le lui dire, c'est petit, c'est d'une intention spirituelle qui frise le mesquin. Pour être vraiment à plaindre, pour nous émouvoir, ce larmoyeur ne doit plus avoir en lui qu'un souvenir déchirant, autour de lui que la solitude. Si, pour la coloration générale de son tableau et pour arriver à l'harmonie qu'il cherchait, l'artiste avait besoin du ton blanc et vaporeux de ces pleureuses qui s'avancent comme des ombres, il devait le trouver dans quelque effet de la nature, que sais-je ? dans un aspect de brouillard, dans une de ces buées indécises qui souvent le soir rampent sur les herbes humides. A notre avis, M. Français a donc diminué, par l'intempestive adjonction de ces jeunes filles, l'impression qu'il voulait produire, et que Virgile a produite d'un mot. Ne serait-ce que par respect pour eux, il faut traduire littéralement les poètes ; on s'en trouve toujours bien, car ils sont, comme tous les créateurs, des hommes d'inspiration et de réflexion. Les poètes sont bons conseillers, que M. Français ne l'oublie pas, et s'il veut relire dans le quatrième livre des *Géorgiques* tout l'admirable épisode d'Aristée, auquel il a emprunté son motif d'Orphée, il y trouvera facilement le sujet de vingt tableaux de premier ordre. Quand il les aura bien vus en lui-même, il les exécutera facilement d'après ses *études*, et il laissera après lui une œuvre qui sauvegardera son nom pour jamais.

En dehors de ce beau paysage, qui est peut-être la toile la plus remarquable de cette exposition, l'école des paysagistes reproduit, à bien peu de différence près, les tableaux que nous connaissons déjà. Il y a cependant deux ou trois artistes qui méritent d'être signalés avec éloge, car leur progrès indique un effort. Dans *Une plage en Bretagne*, M. Blin constate qu'il est un peintre naturaliste, de ceux qui, comme Van Everdingen, s'imprègnent fortement de la nature, et, n'osant point l'interpréter, cherchent à la rendre telle qu'ils la voient. Les premiers plans de ce tableau sont excellents, peints avec une fermeté brillante qui laisse au rivage, aux rochers couverts de goémons, aux vagues qui déferlent, leur profonde humidité. J'aime moins le ciel épais, singulièrement dessiné, qui les couvre, et suffit à donner à toute la composition une lourdeur que jamais M. Blin ne trouvera dans la nature. Multiple en ses aspects et variant selon les latitudes, ici décharnée, là plantureuse, verte plus loin et rose là-bas, la vieille et toujours jeune Cybèle fournit à qui l'interroge ses inépuisables ressources. Elle a inspiré à M. Saal un beau paysage, qui est une vue du *Sulitjelma en Laponie* pendant une nuit d'été, pendant une de ces nuits sans obscurité qui flottent vers les pôles comme un voile rose transparent. Les rennes paisibles, errant dans les blanches solitudes, paissent les lichens lépreux poussés aux flancs des monts ; les cônes chargés de neige se détachent sur les pâleurs du ciel, et produisent une impression étrange qui arrête et retient longtemps. *La Mare Appia*, nuit d'hiver, est aussi un paysage bien rendu malgré les empâtements inutiles et malgré la blancheur trop vive de la lune, lorsque si près de nous elle est déjà et forcément vêtue des teintes rouges de notre atmosphère. M. Saal mérite d'être loué, car, au lieu d'imiter ses confrères, qui la plupart du temps se contentent d'un semblant d'exécution, il pousse son *rendu* aussi loin que possible, et arrive ainsi à des effets remarquables. Il ne suffit pas de bien voir, de choisir un site pittoresque ; il faut savoir le rendre, et je trouve qu'en général les peintres se contentent trop facilement d'exécuter en manière de *pochade* ce qui demanderait à être terminé. Ce sont des indications, des à peu près ; mais ce ne sont point des tableaux. M. Daubigny est le maître des à peu près ; sous prétexte de ne point gâter le sentiment, de ne point alourdir l'expression, il n'envoie plus que des ébauches. M. Brest, malgré son talent très réel, tombe dans ce défaut choquant ; ses *Vues de Turquie et d'Asie-Mineure* ne sont que d'agréables indications. Que dirait-on d'un écrivain qui, sous prétexte de faire un livre d'histoire, n'en publierait que les sommaires ? Ces peintres rudimentaires ressemblent à un ténor qui réciterait sa romance au lieu de la chanter. Ces façons de faire sont bonnes pour des élèves, pour ceux qui s'essaient dans l'art difficile de peindre, et qui, par leurs tentatives malheureuses ou incomplètes, méritent souvent de voir ajourner l'exposition de leurs œuvres.

Une mesure exceptionnelle a fait ouvrir, cette année, des salles spéciales pour les *refusés*. Cette exhibition à la fois triste et grotesque est une des plus curieuses qu'on puisse voir. Elle prouve surabondamment, ce que du reste on savait déjà, que le jury se montre toujours d'une inconcevable indulgence. Sauf une ou deux exceptions très discutables, il n'y a point là un tableau qui méritât l'honneur des salles privilégiées ; en revanche, on peut affirmer, sans crainte de se tromper, que beaucoup de toiles acceptées par le jury auraient dû ne trouver place que dans le salon des refusés. Ces œuvres baroques, prétentieuses, d'une sagesse inquiétante, d'une nullité absolue, sont très troublantes à étudier, car elles prouvent de quelles singulières aberrations peut se nourrir l'esprit humain. La plupart d'entre elles donneraient raison aux théories du docteur Trélat sur la folie lucide. On pouvait s'attendre à des outrecuidances d'originalité, et l'on reste surpris de ne voir que des copies informes faites d'après les peintres à la mode, qui eux-mêmes, le plus souvent, s'inspirent des anciens maîtres. Il est curieux de voir où en arrive un maître célèbre, Corrège par exemple, quand il passe par les interprétations d'un peintre de talent pour en venir à celles des barbouilleurs dont les œuvres aujourd'hui sont exposées par ordre. Il y a même quelque chose de cruel dans cette exhibition ; on y rit comme aux farces du théâtre du Palais-Royal. En effet, c'est une parodie constante, parodie de dessin, parodie de couleur, parodie de composition. Voilà donc les génies méconnus et ce qu'ils produisent ! voilà les impatiens, voilà ceux qui se plaignent, ceux qui crient à l'injustice des hommes, à la dureté du sort, qui en appellent à la postérité ! Jamais consécration plus éclatante n'avait été donnée aux travaux du jury, et l'on peut le remercier d'avoir essayé de nous épargner la vue de telles et si lamentables choses.

Du reste, même défauts généraux que dans l'exposition voisine ; point d'imagination, point de composition, négligence du dessin, quelque recherche de coloris, tendances ultra-matérialistes indiquées par une ou deux obscénités qu'on ferait bien de retourner, car l'insuffisance de l'exécution les rend tout à fait choquantes ; tous ces défauts, augmentés, centuplés par l'absence radicale de talent, constituent un ensemble qu'on peut se figurer et qui suffirait à dégoûter pour jamais de la peinture.

Que manque-t-il donc à l'art pour reprendre quelque vigueur et se relever de cette éthisie qui le ruine ? Est-ce la liberté absolue ? Est-ce une direction sévère ? Je ne sais ; mais je crois qu'il faudrait arriver à une rénovation complète du milieu où se produisent les arts aujourd'hui pour leur rendre la sève qui leur manque. Qu'importent à l'art une liberté spéciale, une direction spéciale ? Le mal est plus haut, la cause est plus profonde. Le mouvement de l'esprit humain est un, et il suffit qu'une seule de ses facultés créatrices soit annihilée pour que les autres s'atrophient et cessent de fonctionner. Comment exiger que les poumons respirent lorsque le cœur a suspendu ses battements ? Si l'on parcourt les salles de l'exposition, si l'on regarde l'une après l'autre toutes les œuvres d'art, on verra que celles-là seules où se retrouve un souffle, une inspiration quelconque, sont dues à des hommes qui, comme MM. Français, Fromentin, Perraud, Gérôme, Matout, Cabanel même, ont traversé nos dernières heures de liberté. En littérature ; il en est de même ; les derniers venus autour desquels un peu de bruit s'est fait étaient déjà entrés dans la vie avant l'année 1848. Si l'on veut se rappeler ce que l'histoire nous enseigne et voir que les combats de l'esprit ont toujours amené une exubérance de vie intellectuelle qui s'est traduite par des éclosions glorieuses dans le monde de l'art et de la poésie, si l'on veut voir que la renaissance est contemporaine des guerres de religion, que la fronde a donné au siècle de Louis XIV ses éléments les plus glorieux, que la révolution française a enfanté l'école de David, que les luttes parlementaires de la restauration et du gouvernement de juillet ont produit l'épanouissement du romantisme, on comprendra qu'en notre temps de repos absolu l'art et la littérature s'enfoncent graduellement dans une léthargie menaçante. Il est possible que des idées passent autour de nous, mais elles ne se manifestent par aucun bruit extérieur. Quel oracle interroger, puisque tous les dieux sont muets ? Dans le château de la Belle-au-Bois-Dormant, tout le monde dormait : le peintre dormait, le sculpteur dormait, l'architecte dormait, et le scribe lui-même n'était pas bien certain d'être éveillé !

ISBN : 978-1720688440